LUTZ NITZSCHE KORNEL

alles erufule,
gefiunlen,
eschanlen
mit Wort & Fanteri!

Leipzig

Lutz Nitzsche Kornel

FLIP FLOP AND FLY

Gedichte

Engelsdorfer Verlag
Leipzig
2016

Bibliografische Information durch die
Deutsche Nationalbibliothek:
Die Deutsche Nationalbibliothek verzeichnet diese Publikation in der
Deutschen Nationalbibliografie; detaillierte bibliografische Daten sind im
Internet über http://dnb.dnb.de abrufbar.

ISBN 978-3-96008-282-8
Copyright (2016) Engelsdorfer Verlag

Alle Rechte beim Autor,
die Rechte für die Abbildungen bei Andreas Hanske und Armin Krause,
für diese Ausgabe beim Verlag,
für die Gedichte von Thomas Böhme und Paul Alfred Kleinert bei diesen,
desgleichen für die Nachrede bei GrIngo Lahr,
das Essay „Bebilderung – Bemerkungen zum Problem der Illustration"
bei Andreas Hanske

Umschlaggestaltung: Tino Hemmann

Hergestellt in Leipzig, Germany (EU)
www.engelsdorfer-verlag.de
12,90 Euro (D)

FLIP FLOP AND FLY

„Now, when I get the Blues,
 I get me a rocking´ chair.
Well, if the Blues overtake me,
 gonna right away from here ...

Now flip, flop and fly,
I don´t care if I die.
Don´t ever leave me,
Don´t ever say,
Goodbye ..."

Sänger: Big Joe Turner
Autoren: Lou Willie Turner
Charles E. Calhoun

Recorded 1955

oradlo

im traum bestimmt   der rausch die reise

IN DAS FALSCHE JAHR GEBOREN

IN DAS FALSCHE JAHR GEBOREN

empfand nicht nur ich. Elvis
brachte uns 1955ern nicht mehr viel
IN THE GHETTO berührte
dort als Text vom erschossenen Jungen
in Meuselwitz, östlich der Westgrenze
die versperrt war bis zur Rente.
Der Rest: Langeweile. Verfettung.
Peinlich Blue in Hawaiii
Aloha-Oe.

Sleepy John Estes, Big Bill Broonzy, J.B. Lenoir
zerhämmerten Südseesehnsucht
aus elterlichem Volksempfänger:
That´s All Right, Mama,
Eine übliche Lüge, gestohlen
von Arthur "Big Boy" Crudup. Was Tantiemen
sind, ahnte nicht einmal der Anführer
unserer Straßen-Gang
Hartmut H.

Um 1965 kamen Beatles, Rolling Stones,
Kinks, Who, Eric Burdon, Dave Dee, Dozy,
Beaky, Mick and Titch & Co
auch an die Schnauder, bald Hippies
mit Haaren übern Ohransatz, die trampten
zu den Kometen, Mäckys, Isotopen. Endlich
Jugend als unendlicher Traum, mit elf, zwölf, angekommen.

Als Gealterter mit siebenundzwanzig
stellte ich regelmäßig in der Großstadt L.
im Klub der Baustudenten Rocksongs vor,
brachte Storys, als eine Schöne klagte: Ihr
habt das noch erleben dürfen, Atmosphäre
peitschender Rockkultur. Ach,
wollte ich beruhigen: Wenn fünf Prozent
der Jahresproduktion an Musik blieben,
damals, heute, morgen,
welcher Kunst-Gigantismus. Sie
schüttelte unverständig ihren Kopf.
Noch.

Mit Gedichte, Filmen, Büchern, Beziehungen
läuft es wohl ähnlich. Gaga
kann eine berüchtigte Lady sein
oder psychedelische Radio-Station
 Freddy Mercury im Himmel,
ich, Seifenmarke, ein Irrtum
wie dieser Text, die Frage
nach dem günstigsten Jahr der Geburt,
nach dem was bleibt.

(für Gringo Lahr zum Geburtstag, 2015)

MEINE GELBE STADT. MEIN ATEM

saugte deine Gifte. Weshalb
kam ich durch. Die Schnippchen,
Haken wurden zur Gewohnheit
Abzuhängen das Erlegte
kommend aus dem Trug der Wirklichkeiten
in den klaren Traum
Erleben

DIE KOHLEZÜGE SCHEPPERTEN

Gedichte durch die Nacht
sprangen Funken virtuos wie kapriziös
auf den Oberleitungen strich Mangel
diese teuflischen Violinen im Wahnorchester
Braunkohlentagebau. Ostinater Orgiasmus
produziert durch die Bagger-Rhythmus-Sektion
Heavy-Metal in Dauerlust Land & Leben
fressend bis das Wasser abgegraben
für trivialen Stromfluss
zu beleuchten unser Opferritual
als apokalyptische Feier
dieser Erdepoche.

Nie Ruhe. Nie angekommen
mit dem harten Schatz Heimat
Erfahrung. Immer weiter
träumen, warten, wissen,
hoffen auf ein Billett retour
zur Symphonie der nächtlichen Kohlezüge
mit dem diabolischen Ur-Geist
als lokführenden Dirigent
aus dem Schnaudertal fort
im schweren dauerplatternden sauren Regen
der die Gleise rosten ließe
wenn das Musikstück stoppte.

KINDHEIT

Keiner Fliege
         Flügel ausgerissen
Keinen Frosch
         aufgeblasen
Keinen Maulwurf
         ausgegraben
Keinen Regenwurm
         zerkaut
Was
    auf Christ hinwiese
Zumindest
      Pazifist.

Eine Chance
        musste der Gegner bekommen
Das
    war Ehrenkodex
Im Spiel, sonst
        erfolgte Ausschluss
Hier
    War es doch nicht
          wie im wahren Leben
Hatten wir Knirpse festgelegt.

DIE NÄCHTE DER KINDHEIT

Waren endlos wie Lederstrumpf
Von James Fenimore Cooper
Eine gefährliche Expedition
Mit vagem Ziel: Nicht einschlafen
Gefahr überall
Rote

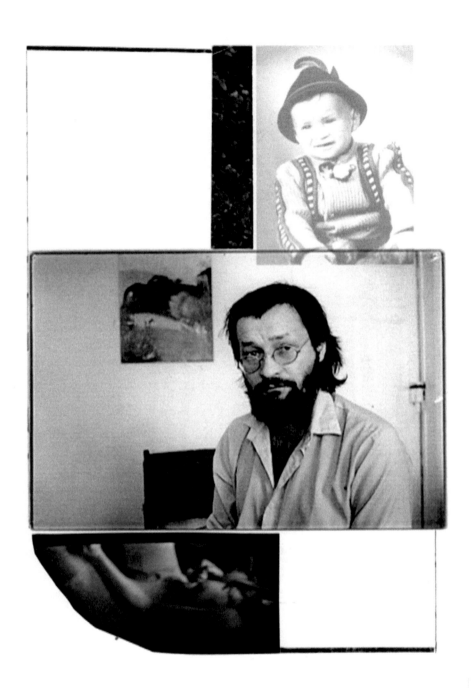

lie nächte der kindheit   waren endlos

DAS TEMPO

Der Spiele
Die mit dem Ball
Mochte ich nie, der
Rollte zu schnell, flog
Den Träumen davon
Wie Indianerpfeile, Worte
Im erregten Gespräch
Schwer wiederzufinden.

NEUER HÄWELMANN

Bei Vollmond
Brachen die Mauern
Brüllte der Wald "Komm"
Flog der Junge
Auf dem Mondlicht
Sah Betrunkene
Verlassene Schänken

Drifte ich in Jugend
Der Zukunft zu
Genügen dort
Von wo nachts
Helle strahlt

Weit oben.

AUCH KINDHEIT –
WAS BRACHTE MIR DAS LESEN

auf endlosen Zeilen
unter grauem Herbsthimmel
mit klammen Fingern
Stechen im Rücken?

Zehn Pfennig der Korb
auf dem Kartoffelacker.

ULI HAUCKES VATER

trug seinen schwarzen Zigeunerschnauzer
Anfang der Sechziger erhaben
durch dieses genormte Land,
der damals so provokatorisch war
wie schulterlanges Haar
sieben Jahre später.

Er fuhr Motorrad,
mit Ehefrau und Kindern
zelten bei Bad Kösen an der Saale,
damals uns so weit entfernt
wie zur Jahrtausendwende
Timbuktu oder Bali.

Wenig genügte damals,
jemand in Erinnerung zu bewahren
noch nach Jahrzehnten.

FÜR WOLFGANG HAFERSTROH
(1955 – 1996)

Die Nächte der Kindheit
waren unendlich lang
wie später vergebliche Lieben,
Delirien oder Todeskrankheiten.

Auswege boten
uns die Erdgeschosswohnungsfenster
schichtarbeitende Eltern
Kino- oder Bekanntenbesuche derselben
bei Frühdienst.

Mir blieb
nach der Verschraubung der Fenster
das Morsealphabet, zumindest
was ich dafür hielt: lang, lang, kurz!
Der Schulfreund hinter der Wand
meines Kinderzimmers
antwortete: kurz, kurz, kurz!,
dann improvisierten wir
über Beat-Rhythmen, wussten
uns steht noch Abenteuerliches bevor.

SCHULJAHRESENDE
in M., DDR
1965

Du hättest sprechen sollen,
ermahnt er sich erinnernd
seines Empfindens:
Hier geschieht Unrecht.

Die Klassenbeste, christlich,
als Feind behandelt hier
im Staate der Atheisten,
blieb
im Schweigen

ohne Urkunde.

1985

GEPFLEGTE BRÜHE

(für Inge Lotz)

war ein Begriff
damals in Meuselwitz.

Venezia-Eis-Bar
Bahnhofstraße
mit Musik-Box.

Hühnerbrühe mit Ei
für unter fünfzig Pfennig.
Das belebte

nach dem Turntraining
das erste Mal
mit einem Mädchen

Hände haltend
unterm Tisch noch
zu Beat-Singles die Fußspitzen wippen

lächelnd löffeln
hoffend auf Zukunft
beim Heimbringen dürfen.

DER ZEUGE JEHOVAS

war so alt
wie ich inzwischen,
wohnte oben, wir
in der Mitte.

Zeuge Jehovas war etwas
Gewöhnliches im Ort M.,
wie Katholik, Kleingärtner,
Turner, ehemaliger
SS-Mann. Man blieb,
was man war, erklärte uns
Jungen der alte Rudolph.

Der Zeuge Jehovas wollte
uns Langhaarige mit Vollbärten
retten, auch wissen,
welcher Sekte wir zugehörig
oder einer Anarchistengruppe, die
Attentate plane, er kenne das
aus den Zwanzigern.

Wir wollten erleben,
sagten wir nicht, hörten nur
auf die Berichte,
wie vor dreiunddreißig
die damals Jungen erlebten,
sich anpassten irgendwann

viele nach der Front
und dem Lager. Er zumindest
sei geblieben, was
ihm Gott befohlen.

Der Zeuge Jehovas
zog als Rentner weiter
in den Schwarzwald, fort
von Kommunisten, Heiden
und seiner vollbrachten Arbeit
als Elektriker in Braunkohlefabriken.

Wir Langhaarigen
zogen weiter von Dorfkneipe
zu Rockkonzerten, manchmal
Jazz bevorzugend, später
in Großstädte und meist
missglückende Ehen.

(für Herrn Florus Pissor,
ehemals Meuselwitz, Luckaer Straße 27)

DIE JAHRE WECHSELTEN

wie die Lieder
in den Musikboxen

deren Namen ich setze
als Memory-Hotel
ewiger Tänze.

Darf ich bitten?, fragte
in den Eisbars niemand.
Dann packte der

Plattengreifer zu, hob
die Scheiben auf
den Teller. Tonarmsenken,

der Titel für zwei Groschen
ergaben eine Symphonie
im Daseins-Beat-In

BoogieHulaRocknSwing
BluesRockDiscoReggea.
Aus. Da wagte einer Chanson!

War das dreiunddreißig,
fünfundvierzig, achtundsiebzig
Umdrehungen je Minute Hitze

bis die Tänzer verschwanden,
einzeln in das kalte Licht
der müden Straßenleuchten -

Neue Jahrzehnte kamen
Mit Compact-Discs. Em Pe
DREI, VIER, ENDE

OFFEN!

WUNDER

Der in der Rathausstraße
neben dem Stadthaus
zehnte Klasse, Penne
das braune Haar gewellt
über den Kragen
habe Platten von CCR
Eric Burdon, Pikos Bruder
das White Album.

Einer in der Luckaer
besitzt Shades of Deep Purple,
Abbey Road und welche
von Bob Dylan, Joan Baez.

Da nickte ich grinsend, habe
davon gehört, hatte begriffen
da ich dieser bin,
dass hier sehr vieles möglich
in unserer Kleinstadt
trotz des Einfuhrverbotes
von „westlichem Schund".

Mittwoch sprach mich ein Unbekannter an
aus Zipsendorf: Willst du Get Back von den Beatles?
Du stehst doch auf so etwas, direkt aus England!,
streckte die Hand fragend aus, worauf ich einschlug, das
Geld holte, er die Scheibe.
Bis dann im Park am Lenin-Denkmal.
Wir blickten vorsichtig die Wege dort ab
wie Dealer und Junkie, verbargen Ware und Geld,
ich kam fast zu spät
zur Schulstunde als Praktikant
im Lehrerstudium.

SO NICHT

Das mache ich nicht mit,
erklärte mein Freund Michael Pfeifer,
das macht nichts mehr her,
ich bin doch durch bei jeder,
mit dem Akkordeonkoffer
die Straße entlang gehen
als Musikunterrichts-Bubi.

Er erwarb irgendwoher eine Gitarre,
die er später zu spielen lernte,
wie ich auch, von ihm,
zumindest einfache Themen:
Love Like A Man,
Satisfaction.

Dann schritten wir
bis zum Bahnhof, die Runde
am Wasserturm vorbei
nach Hause mit den Gitarren
in braunen Segeltuchhüllen, ersehnten
schwarze Koffer
wie die Rolling Stones.

AN DER SAALE BEI GROSSKORBETHA*
(Fahrradausflug)

Von Sachsen-Altenburg aus
zur Grenze der Vorfahren, über diese
schauen endlich
wechseln zu Zeichen
setzen über
nahm ich dort
Sehnsüchte

* Vor knapp tausend Jahre war dieser Saaleteil Grenze zwischen Sorben-Wenden und Reichs-franken. Alles vergeht, lehrte uns Lehrer Kurt Löffler.

AUSFLÜGE

Die Sprachen wechselten
von Dorf zu Dorf
verbliebene Sachsen
Thüringer, Sachsen-Anhaltiner
Gewordene. Weiter
zu orten
war müßig.

In Kneipen, auf Bahnhöfen
Marktplätzen sprachen wir
mehr aus als an, mieden
Amtsstuben, Kirchen, schauten
nach Tanzsälen und zufälligen Betten.

Versprachen uns oft,
selten etwas den Mädchen,
außer: Bis später!

DEM HORIZONT NACH

Gehen war einer seiner Träume
Fliegen ein anderer
Im Traum verweilen können
Beliebig lange.

Das Hier-Sein-Müssen
Schloss zwar ihn ein
Wie zu viele. Früh schon
Wagte er die Fluchten
Unbemerkt vorerst,

Bis sich der Horizont entfernte
Hinterm Berg, dem schritt er zu
In Nacht, am Morgen weiter.
Wieviel Land! Und irgendwann
Reichte der Tag nicht mehr
Zum Zurück.

HAUPTSACHE UNTERWEGS

I

Nenn es Autostopp. Trampen
Abenteuer ...

Am Abend berichten wir
uns beim Lagern
im Verborgenen

Die geschafften Kilometer
Wieviel das wäre

In Geld, Bier
jetzt als Feier

Nur das Palavern
Träumen

Vom Weiter
Kommen

II

IN POLEN

reist Herbert Ulrich
immer noch so

Mit dem Wind
Daumen

Er hatte sich verfahren
damals nach Osten

Meinten viele:
Der spinnt

sich Träume zurecht
Was sind sechzig

oder mehr Kilometer
pro Stunde, Jahre

Ohne Automobil
erklärt er hoffend
auf Verständnis
uns aus dem Westen

IM UHRZEIGERSINN

Suchte ich
Diesen, fand
Nur Zufälligkeit
Der Richtung, wagte
Endlich die Standuhr
Deren Messing
Zeiger zu befeilen:
Späne, was
Lehren die
Metall
Späne

FLUCHTFILME

als Schule für Leben
möglichen künftigen
Entkommens

DER OMNIBUS

(Meuselwitz um 1965, Marktplatz, Gedächtnisprotokoll)

1

Es wird schon seine Ordnung haben. Hier
ist Deutschland ebenfalls. Oder:
Es war halt immer so. Die Fahne kommt

vors Fenster. Rot war sie auch damals. Die
haben jetzt die Macht (ja, durch die Russen,
kommt als Murmeln noch). Recht

muss gesprochen werden. Wo denn
kämen wir noch hin, wenn jeder
jeden Tag sich mitnimmt, was er braucht

aus dem Betrieb. Da muss jemand wachsam sein. Ein
Großer selbst wurde in A., heißt es zumindest,
abgeholt. Der ist jetzt in der Kohle, mietfrei. Na,

nicht alle klauten nur. Andere erzählten was da ist,
gegen die Regierung - oder Witze ... Die kannst Du
dort im Lager Regis selbst bald bringen ...

2

Sag, Großvater, weshalb sind gelbe Streifen
auf den grauen Jacken: der Dienstgrad
wie beim Militär? ... Und weshalb schauen die im Bus

so müde, winken nicht zurück? --- Nun ja,
sie fahr'n vom Knast zur Schicht in die Brikettfabrik,
manchmal auch in den Tagebau. Schau nur

nicht hin. Die wurden fortgeschickt vom Richter
für paar Jahre. Ich, im Heizhaus, weiß
nicht mehr ... Ach, hau hier besser ab.

HOFFNUNGS-LOS
WARTEN & WISSEN

Die geträumten Zahlen setzen
Auf eine Ziehung
Deren Termin
Nie verkündet werden wird

DAS REICH DER NACHT ERREICHT

mit neun sich nicht mehr beherrschen wollen

im Traum bestimmt der Rausch, die Reise
ohne Ziel, bis Morgen kommt, die Pflicht

Kontrollen, Tag-Traum schaffen im Waschraum
Radio-Rock, die Zahnbürste zuckt euphorisch

polyrhythmische Gegenstimme ...

BRAUCHTUM

Die Tracht
immer wieder
zu oft
dieser Ritus
der Väter
bei kleinsten Vergehen.

Wir schworen:
Nie wieder
Gewalt
wenn wir erwachsen
wären.

Als Besucher später
schritt ich oft
durch den Ort
sah und hörte
den Ritus
der Tracht
noch
nach Jahrzehnten.

IHR WOLLT MEIN BESTES. IHR

bekommt es nicht: Die Zeit

bleibt mir mein Feld, der Acker
Phantasie zu züchten

HAINBERGSEE, DER EICHENKRANZ BEI MEUSELWITZ IN THÜRINGEN

Es geht eine Sage: Der See vor dem Städtchen
Sei Vorhof der Hölle! Man rieche den Schwefel,

Spüre das Treiben. Die baden und jauchzen
Nackt, wie sie der Herr schuf, bar aller Sünden

Last ihre Stunden der Lust immer wieder
Her. Hohe Wunder! Die Podagra weicht

Wie die Ausschläge, Stimmung. Ohne Arzt
Honorar behandelt das Wasser. Wie weiter?

Es dem Amte melden? Das brächte Verwaltung
Mit Kurbad und Eintritt, da war die Erfahrung

Hier blieb´s wie gewohnt ... bei der Sage
Vom Teufel als Bannwort dem Volke.

SURFIN SAFARI

brüllte einer
damals den Hit der Saison
am Tagebausee, rutschte weiter johlend
die Abbruchkante hinab, ein abgefüllter
Sack, schob im Sand buddelnde Kinder
und sich Sonnende beiseite
die beim Sturz kreischten: HILFE!
noch nicht wissend
in diesem Land, in dieser Zeit
galt nur Vorsicht
oder Selbsthilfe.

Auf dem Strand angekommen
stopfte der Safari-Gesurft-Habende
lässig Penis und Hoden
in die berüchtigte
preiswerte labrige Dreieckbadehose
blickte stolz wie ein Schlager-Star
den Bikini-Mädchen zu
singt: Auf der Hitzewelle
will ich reiten, wie auf euch
in den Sonnenuntergang. Kommt mit!
Surfin Safari!

Wir Zehnjährigen
kannten den Song, mochten Beach Boys kaum
zwinkerten uns zu, flüsterten:
Sieh mal, die Alten
drehen auch ab.

ZEHN JAHRE ZURÜCK
GEBLENDET 1980

Wie die Jahre herumbringen?
Eine Stunde währt ewig
zumindest beim Arbeiten
im Unterrichtsfach Produktion.

Eine Woche Tortur
beim Schwellenstopfen im Tagebau-
winter, des Geldes wegen
für Bier und Bluesplatten.

Ein Monat Brikettfabrik
im Sommer Inferno
die Zukunft kam an
als Verdammte.

Wie die Jahre herumbekommen
in verordneten Schichten
ewiger Produktion
bis zur vagen Erlösung?

MEIN VATER SAGTE

Mit mir nicht,

wie sein Vater schon
zu sagen pflegte,

bis ich dazu kam,
zu sagen:
Mit mir nicht!

DER GERUCH DER KINDHEIT

Lähmender Gestank, der zwingt
In Bierstunden oder daran gewöhnen.

Samstagmittag. Der erste mir mögliche Bus
Brachte mich her aus der Großstadt
Zum Vater nach Jahren.

Der leere Marktplatz
Im Film HIGH NOON. Das Kino
Steht leer auf dem Weg dahin.

Aus welcher Tür tritt der Sheriff, die Schurken
Schreiten sicher die Bahnhofstraße herab. Doch
Der letzte Zug fuhr
Bereits vor Jahrzehnten.

Einen Schuss hat hier jeder Zweite
Auch ohne Attest vom Psychiater. Der Rest
Trinkt dazu noch
Sich das Dasein erträglich. Nacht
Ist der Zustand zwischen Kneipenschluss
Und Morgenbierverkauf. Kultur
Hier: Nicht auf den Weg kotzen. Hoffnung
Als Erwartung, der Bus hinaus möge früher kommen
Oder überhaupt
Wohin auch immer.

Mancher hat sich noch nicht an hier gewöhnt,
Wo selbst das Nein heftige Kommunikation ist
Nach der Aufforderung zum Tanz
Beim jährlichen Stadtfest, ohne Eintritt
Zumindest mögliche Abwechslung. Klima
Wechsel kommt hier schneller
Als der der Bürgermeisterin.

Neu sind die Klänge am Busplatz
Aus tragbaren Abspielgeräten: Techno, Oi-Punk statt
Rock´n´Roll oder Hard Rock
Wie früher soll´s schocken.

Am See blieb etwas, sah ich beim Umweg,
Da baden sie nackt
Ob alt oder jung. Genehmigt, verboten,
Fragt keiner. Das ist so
Seit zweihundert Jahren
Trennt hier die Grenze, damals zu Preußen,
Verlorene Landschaft in Sachsen-Anhalt
Von Sachsen-Altenburg, Thüringen,
Denn Achtzehnhundertdreizehn
Standen die Sachsen
Wieder einmal zu lange
Auf der Seite der fremden
Macht des Napoleon.

KOHLE

entstand nach Fotos & in Zusammenarbeit mit dem Fotografen Peter Thieme, der nahe der Lauer lebte, einem Waldstück vor reichlich tausend Jahren durch sorbisch-slawische Stämme neubesiedelt, & welches der Braunkohlebaggerfraß-gier zur Beute geriet. M. ist das Städtchen Meuselwitz/schon Thüringen am Rande der Leipziger Tieflandbuchtbucht, Stadt der Kindheit, Eltern ...

1
M.

hier war ich mensch
am ende meiner lichten tage
baugeräusch schlägt unerhört über
die nervenstränge verheddern wach
und schlafsein unerwünscht hier
gehts rund
um die uhr

2
DAS ZITAT DER MITTE

"Versprichst du mir, ich soll genesen,
in diesem Wust von Raserei?"
                    (J. W. Goethe/FAUST I)
3
LAUER

ein sumpf zog zum
wald weicht der allgewalt
DER kohle sagt man hier
versteppt verwüstet haus und hoff
auf nichts mehr zieh
nach dort und liter durch
und kam doch erst
vor tausend jahrn
vom osten

am ende meiner lichten tage

4
VORFELDWALD

(frei assoziiert nach Fotos von Peter Thieme)

bruchlicht zerfasert beim gehen, im winden wankt
noch der wildwuchs, bricht mancher altast.
weich legt sich atem der erde, getränkt durch die
morgen tautropfen, in wanderers weg.
der schritt schreckt's getier, das schon lange
gewohnt jagenweise dem baggerfraße zu fliehn -

doch sperrt hinterm park schon die stadt.

1987

DER MYTHOS DES HIER

wo mein Körper die Seele noch Kraft hat zu suchen
legt süchtig seine zerrenden Möglichkeiten
über wahnerne Gratwanderungen
wägt jedes Wann wagt sich weicher Schritt
aus der Ruhe die Wollust für das Finden von Frieden

& sagte wer in London, in Meuselwitz: „....",
ich käme, entgegen der Schone-dich-Einsicht
zu sichten, den wiederauferstandenen
Tagebaubaum, Jack the Ripper & auch
es läge noch Botschaft in den Archiven
schrieb mir Herbert Ulrich aus polnischem Lublin,
es zog vor Jahrzehnten Mucks Haufen
zu zelebrieren die Farben in Alltag
durch Thüringen schrie noch der Wolf.
Nietzsche in Naumburg, Katharina von Russland
wochenendete als Sophie vor St. Peters- in Altenburg.

Dann gebar mich Lilo, der Mythos liegt
in den Schritten der Kindheit
dem Hochwassernahen
auf magischen Weiden & Mühlen
im Pfeifen der Dampflok zu jeder Stunde
in den Schlägen des Vaters
in Bombentrichtern, Fabrikruinen & Gängen
im Schwefelsee vor der Stadt.

Vor dem Fenster, weit westlicher
im Erftland sitzt Lutz, „Wind of Change"
singt einer im Rundfunk
produziert sechs Kilometer
neben meiner Bauernhofabsteige,
sangs in New York, in Moskau.

Mein Schritt führt mich heute noch
mit selbstsicherer Notsucht
zum Büdchen, vier Kölsch & ein Gespräch
bestenfalls dort zu finden
den MYTHOS VOM EWIG DURSTIGEN ...

DAMALS

augenblicke

IM SECHZIGSTEN JAHR

ziehe ich durch die Bucht
des Leipziger Tieflands
das Ufer der Angler
meines Kindheitsortes M.
zu erspüren
Großvater Max' lange Nächte
der den Fisch stolz trug
in den sich hellenden Tag
beschwingt seiner Frau Martha zu
gefallen

WIEDER WESTWÄRTS

>Landschaften lagern sich ab. Sprache
>genügt nicht mehr als eine Skizze
>für den Erinnerungsmoment. Das
>Schlingern annehmen können. Die
>Schlieren der Sinn setzenden Syntax
>Rest.

Ab Abzweig Olpe westwärts
Dem Rhein zu Der Dom
Schaut hoch listig in das
Bergische (Heiden)Land

Hinüber auf die lange
Ebene bald niedrige Stein
Häuser abweisend Keramik
Verkachelt mit schmalen
Vorgärten Gelüsten

Unter endlichen Brücken
Holländern Kähne treiben
Abfälle Steine Gründe Nord
See zu Immer weiter

Das Vorgebirge hinauf
Wechselt mählich
Der Sprachklang in
Schwingendes Sirren
Sich einzuspinnen

Schweigendes Wissen
Bewahren unfähig verdammt
Die Knoten je wieder
Entknüpfen können

Altvordere Weisheit
Zerschunden vertrieben
Vermischt bis hinüber
Durch flandrische Wellen
Wallonische Weiten
Der Neuen Welt zu
Genügen sich selbst
Süchtig dem Treiben
Immer weiter wehenden

Wahn im klammernden Schlepp
Netz der Seele vergeudeter
Möglichkeiten Aufruhr
Abrichtung akkurate soziale
Akklimatisation Vergessen

Als endlicher Aufschrei.

VERKOMMEN IM LABYRINTH II

verkommen im labyrinth
der erdentage & nächte

eingepfercht in verordnetes
schweigen ein ausbruchversuch

die strahlen meiner gewohnheiten
sichere gitterstäbe wachsen

sprechen ein aufbruch ich
führe mich in permanente versuchung

gewänderwexel gerüche
reviere markieren luftraum

die stunden bilden sich ab
in ähnlichen abläufen variationen nur

glücksfälle nenne ich gewohntes
bescheiden schon windwexel.

wetterhahn du korrupte koryphäe
schrei deine visionen schrittlos

umfängt mein verbliebenes das sichte
kirchtürme feldwege erdhöhlen

tagschatten legen gang lahm
die exegese vom wert eines wegsteins

die gesellschaft deute ich
eine geisel des staates ohnmacht

die heilig gemeinten namen insignien
zum bedecken erstarrter blöße

fortschritt wissenschaft kultur
gläubigkeit copyright es geht weiter

machen die geheimdienste ölfirmen
ihren endlosen miesen schnitt

gewöhnliche bedürfnisse fressen
sich wärmen lieben scheißen die furcht

trivilität aufstehen liegen bleiben
ich selbst, mein namenloser plan

GESCHAFFT

bevorzugte ich zum Tagesbeginn ein Bier, aus dem bis mittags schnell zehn wurden, trank mir meinen Zustand erträglich, was im Westen angekommen leichter möglich war, des regelmäßigen & ausreichenden Arbeitslosengeldes wegen, als in der DDR mit ihrer Arbeitspflicht, zumindest der der Anwesenheit.

Geschafft war ein erklärendes Wort meines Herkunftsterrains: Die haben dich erledigt; vage den Verursacher nennend: Die Umstände, die regierenden Kommunisten, die auf Mitwirkung drängenden Mitbürger ... Geschafft konnte ich den Tag in Schlaf verlassen, den Familienstreit, die Arbeitsstelle.
Inzwischen habe ich es geschafft, trotz kaum von mir veröffentlichter Texte, ohne PKW und Eigenheim ...
Endlich ohne drängendes Schuldgefühl bis ultimo im Bett bleiben, ohne Teilhabe am Stipendienkarussell der Autoren, ohne Interesse, welche der Staatspfründezunft irgendeine Wahl gewinnt, selbst Regenwetter oder Sturm ist mir genehm, da drängt keine Restprägung, so mitzutun als ob ...

Irgendwann, fast von mir unbemerkt, hatte ich es geschafft, bekam wie der von der Vogelweide "mein Lehen", eine ausreichende Rente und Zuverdienst-Verbot, welches mich vieler Probleme enthob.
Störend ist gelegentlich das frühe Gebrüll der Vögel, woran es noch sich zu gewöhnen gilt.

DIE MÄNNER STEHN AM MARKTPLATZ

von Meuselwitz und warten
auf die vergangnen Tage,
erzählen, wie sie rochen
die heute alten Damen.

Wir hatten Geld und Arbeit,
auch Wut, der Staat war Schuld dass
es nicht mit Hamburg klappte …
Die Männer öffnen Dosen
mit Bier. Sie trinken, labern …

Der Schichtbus fuhr schon vier Uhr
am Morgen in die Kohle.
Jetzt geht's zu Fuß zum Amte,
Sozialgeld abzuholen –
das reicht für zehn, zwölf Tage …

Die Männer stehn am Marktplatz,
sie reden, trinken, fluchen –
noch junge Mädchen schlendern
vorüber, reißen Witze

und sehn hier selbst bald alt aus.

EIN GLAS AM TRESEN, BIER

rollt durch die Gurgel, stürzt
noch kellerfrisch auf Magenschleimhaut
Nerven. Zitterhand
halbberuhigt
deutet Nachschlag an
Ein Glas, voll
schliert durch den Schlund
stößt auf, schon leicht
zerrülpst.

Mein letzter beprägter Chip
im Verwalterwechsel.

Ein Platz wird frei
für den gewöhnlichen Abend.

MEMENTO EINS

Die dichten Wälder der Kindheit
wurden lichter mir beim Ergründen.
Gelichter ein assoziiertes Erfüllungswort
wie Desillusion oder Traumfähre.

Wohin noch fluchtwärts sich verkriechen
wenn letzte Sicherheiten brechen?
Wagemut als Variante annehmen
lernen risikolastigen Ablagerns im Erinnern.

Bergbaustollen, Restlochseen, Fuchs
und Hase wurden bald unbemerkt
zu Sprachhülsen wie Vater, Mutter,
Vertrauen, Meuselwitz, Verantwortung.

Das endlose Jahr in Feste zerschnitten:
Zeugnisausgaben, Geburts- & DDR-
Tag frei Winter-, Mai-, Sommer-,
Ernte-, Weihnachtsferien. Oster

Eiersuche, Monats-MOSAIK-Erscheinen
die erwarteten, doch unkalkulierbaren:
Elternausgang, Westpaket, Ferienlager
Fahrt, Anbaden, Pulverschneefall. Die

Unerwarteten: Armbruch, Brand der Blumen
Topffabrik, Nacktbaden mit Mädchen, Rock
Konzerte RENFT, STERNE, PANTA RHEI ...
Wohnungszuweisung, mit einem Kinder

Zimmer (für drei Geschwister), Plumpsklo
halbtreppig blieb und Bad war wieder nicht dabei.
ILJA MUROMETZ im Kino, FLIPPER ZWEI
auf dem Westkanal im TV. Nur wo

hin die Sinn schlagende Grenze setzen
der Zeit? Jugendweihe als Maskenball
mit Unterwerfungsspalier auf der Bühne
für vierzehn Minuten gefeiert, der Alten

Beifall, Gelächter mir. Das sich Daran
Gewöhnen als Initiationsritual verordneter
Mitgliedschaft im Klub der Werktortrotter,
Staatsbürger, Eigenheimanwärter, Samstag

Vormittagsbordsteinfeger. Abschweifen
Wagen als zumindest zeitweilig möglicher
Laborversuch ohne Furcht vor Nachfolge
Prägungen. Das Heilige Jetzt als einziges

Hier noch Annehmbare im Ohnmachtsgefühl
einer Fliege unter Fliegen apathisch schwirrend
um den imaginären Haufen, ängstlich ahnend
höheren Daseinszweck: Fliegenfick. Fort

Pflanzung jeder Art von mir gefürchtet. Da
floh ich der Bücherwelt, den Turnhallen zu
genügen, während der Eltern Scheitern im Heraus
Kitzeln des Ahnens unseres blieb. Rücksichtslos

Suchen. Landkarten-, kompass- & kondom
Los trampen bis zum Terrain neuer Wörter:
PRIVAT. GAMMLER. HIPPIES. BLAU
MACHEN. OPPOSITION. AUSREISE

ANTRAG. PARANOIA. SYPHILLIS,
MEMFIS. EKSTASE. KONTEMPLATION.
JAGDSCHEIN. KRITISCHE WERK
AUSGABE. ORGASMUS. ÜBERSTUNDEN

ZUSCHLAG. KADERAKTE. BAUTZEN
ZWEI. OPPORTUNIST. METASTASEN.
DISHARMONIE. HEDONISMUS. IQ.
UTOPIEN. ABENDMAHL. ANARCHIE.

LAND- UND STADTKOMMUNEN. GUERILLAS.
MAUER. SELBSTERFAHRUNG. BIER
MANN. FREE JAZZ. IMPROVISATION.
Wie nun noch angedrillte Höflichkeit erfüllen?

Die Feuerholzsucht des Großvaters Max.
Ketten- oder Kreissägen waren selten damals
Die Schrotsägestunden wurden unerträglich
blieben selbst auf Minuten herabsubstrahiert

Ohnmacht. Wie das allmähliche Zerbrechen
des Verwandtschaftskitts Blutbande, wenn
Scheidung kam oder Parteieintritt, selten
Sexualpräferenzen der dritten Abart. Dann

Jahreszeitliche Fraktionsnotgemeinschaften
Labernder Selbstsucht. Inquisitorische Mittags-
Tischdekrete: Wer Beat hört, frisst wie Affen
im Urwald! Die langen Haare brenne ich dir

nachts ab! (Endlich etwas Anerkennung
im Alltag, seufzte der Sohn unerhört auf). Du
hast hier nichts zu sagen, was du auch immer
denkst!, - womit Schule & sonstige Räume

des Öffentlichen gemeint waren, wie wohl
auch das Zuhause Genannte. Ein Nervenspiel.
Doch noch trug die Kruste Erziehung beim Sohn,
schlug der nicht zurück. Lerne erst einmal, werde

Wie Lehrer S., dann kannst du auch
lange Haare dir leisten! Höre zu! Es geht
sowieso bald anders herum. Dann … Was
mir vor Kindergarten, - Unter-, Mittel-, Ober

Stufe stets als Rat verabreicht worden ist, das
Erleben der Phantasie als gültiger Polarstern
zu erküren, das schuldledig Ermöglichte. Vorbild
Frei. Andersherum. Rigoros. Wach. Hoffnungs

Los. Umherstreifend. Wälder sich erobernd
wie Auswege. Irrwege ahnend mit dem Instinkt
eines Kriegsversehrten, den Mythos meidend
vom Märchenreich Kindheit. Ein Ewigkeitsscout

im Koordinatennetz der streunenden Seele.
Garten- und Dorfkneipenvormittage als Stationen
zum erlösenden Halt im Irgendwann – und wieder
nur Umstieg auf geborgte Rekognizierungsrouten

der Zeitlosigkeit als Totem. ZEIT vor- & rückwärts
als Mantra skandierend unterm Niemandsmond. Nie
Mand zu genügen im Energiespiel der Emotionen sich
verschleudernd - immer wieder grüngolden lachend.

(16. April bis 14. Juni 2007)

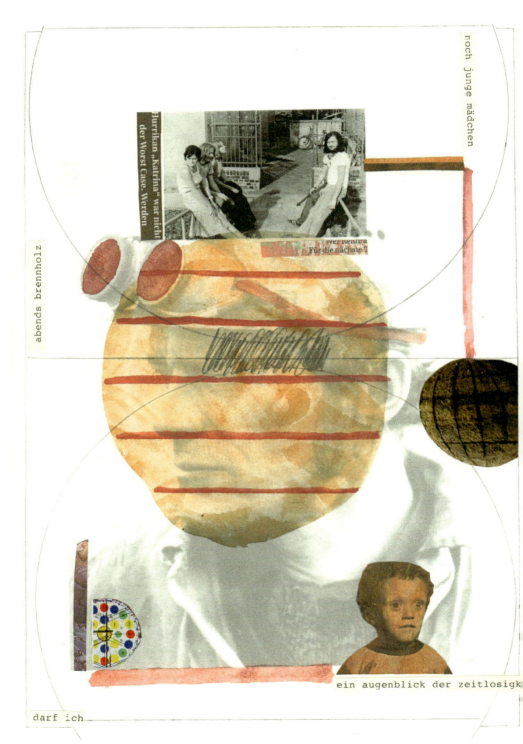

ANGEKOMMEN IRGENDWANN IN L.

ABGEFAHREN

Leipzig im Nebel. Der wabbelt
Sich durch die Januartage & Gassen.
Es kreischt eine Bimmel! Da
War was. Ein Hund, Mensch,
Doch nur die Haltestelle. Raus
Machen. Zum Bahnhof, doch
Vorher Pause am Karlsplatz,
Zwei Bier oder sechs passen
Schon rein. Dazu ein Korn
Mit Gesprächen: Wann wohl
Welche Bude, die Querstraße
Hoch, bis Johannisplatz, platt
Gemacht wird. Eigentumsfrage.
Der das sagte, sah sicher vor zwanzig
Jahren auch mal nach leitender
Angestellter aus. Hier im Bücher
Viertel. Da kamen jene unter, not
Falls beim Großbuchvertrieb, die
Die Volksbildung entlassen hatte
Oder der Knast - und so weiter
Ging immer etwas. Der Zug
Zu einem verordneten Vorstellungs
Gespräch ist auch heute
Wieder einmal ohne mich
Abgefahren.

URTEILE

I

FÜR REGINALD RUDORF

WAS
gibt es für Jazz
in Leipzig
1957?

Zuchthaus

II

DIE FRAGEN DIE FRAGEN
dich wer du bist
und warum du
die haben das recht
sich genommen heißt
tradition oder macht
im namen des volkes

zwei jahre

Anm. zu II: den Angeklagten politischer Justiz im Gericht Beetovenstraße Leipzig, DDR. Vom Autor u.a. ab 1987 aufgeführt, wozu der Text vom Maler Andreas Hanske an die Bühnenrückwand gefügt wurde, dokumentiert vom Fotografen Frank Deisenrieder.

MONOLOGE, LEIPZIG AM 16. JUNI 2015, AM LEUSCHNERPLATZ

zwischen zehn und zwölf Uhr

BEOBACHTETES III

Wie Luftballons.   Wem sag ich das?
Da oben,   wo die Wolken fliehen
Im Wind,   gehörn sie hin
Die Aufgeblasnen,   prall, zum Platzen.

Er sitzt am Leuschnerplatz.   Zum Rathaus
trägt seine heisre Stimme nicht.   Wie Luftballons
Das wäre wichtig, zu schweben,   wenn nicht sie
Dann ich. Für immer.   Also morgen.

BEOBACHTETES II

Meine Fresse! Das gibt's doch nicht. Hier
rollt eine Treppe, da hinunter. Dort
war früher ein Parkplatz. Was steht da?
Vier leere Bierflaschen, eine Cola.
Das bringt siemfuffzich Cent
heißt das inzwischen, nicht mehr Fennsche.

BEOBACHTETES I

Morgen ist, wo das war. Als Kind,
lief aber mit. Hier ging es auch lang. Da brannte
ein Kiosk - oder war es ein Panzer? Nichts
ist mehr sicher. Verstehen Sie?

AKROSTICHON DER STADT

Leipzig, am Ende
Einer imaginären Epoche,
Irrlichter der Sumpfzeit
Prozessionen mythischer Hoffnungen
Zerlaufen in Parteien.
Iks, Ypsilon, Zett dilettieren
Gerechtigkeit auf Wahlplakaten.

LEIPZIG, IM OSTEN

der Stadt werden die Wohnviertel
ärmlicher, die Menschen
direkter. Die Hinterlassenschaft
eines Köters wird Scheiße beschimpft
ein Idiot Idiot, der Komparativ davon
Blöder Idiot, was niemand erregt,
der noch unterm Pegel ist. Die Schmerzgrenze
liegt meist bei Nichtbeachtung und

wie es noch so hier ist
berichte ich
nach dem Kneipennachmittag

LEIPZIG, DER ERSTE TAG IM AUGUST

Die Nächte werden bereits kühler,
sehr zeitig in diesem Jahr, nichts
garantiert die Natur, der Staat
verspricht manches
bleibt. Die Menschen werden
älter, auch die Gebäude
vergehen, die Wolken ziehen,
schwellen, dunkeln.

Wird es Regen geben?,
fragt lapidar, wie der sich sorgende
Bauer oder Kleingärtner,
ein Obdachloser beim Lesen des Amtsblattes
am Torgauer Platz.

Gegen meine Vorsätze
kaufe ich ihm eine Frikadelle
mit Brötchen, Senf und Bier.

„Was ist der Pfad? Geh!",
las ich zufällig vorhin
in „ZEN FÜR ANFÄNGER."

LEIPZIG-MOST, SAGT MANCHER

entlang des legendären Obst- und Gemüseviertels
neben der S-Bahn-Stecke, die uns bequem
der Stadt fliehen lässt, Gaschwitz,
Altenburg, Zwickau ...

Selleriehausen folgt
und, der Gartenparzellen wegen?
Anger-Karottendorf. Kohlhausen
wechselte wie andere Ortsnamen
vermutlich den Sorten nach später
in vietnamtürkischarabischen Läden

irgendwann
wird der Osten auf Stadtplänen
als Mitte stehen
bis Borsdorf

wie Sellerhausen
in Gottfried Kellers Erstfassung
„Romeo und Julia auf dem Dorfe" schrieb
als „Ein Dörfchen nahe Leipzig."

AUSFLUG

Wetterwand, die Wolken saugend,
treibt das Licht aus meinem Walde.
Eisschneeschauer. Unterflüchten.
Schnell zum Bushaltwartehäuschen.

Botschaft, fremden Unbehagens
finde ich in Leuchtsprayfarbe
ALLES SCHEISSE! DANNY LÜGT NUR!
Jeder hat hier seine Wahrheit.

Ob ein Linienbus noch heut hält?,
ist die meine. Bis zur Stadt sinds
fünf, sechs Stunden. Also gehen.
Es ist siebzehn zweiunddreißig.

HEILIG DER TAG

In seiner ziellosen Unnützheit
Der sich selbst, seinem Treiben genügt
Seelenweite zu produzieren, die
Keine Deutsche-, Europäische-
Oder Terra-Industrienorm kennt, wo
Selbst Ausschuss noch als psychedelisch
Auf dem Laufsteg der Bewusstseinstouristen
Vorgeführt werden kann
Als Schöpfungs-Design
Ohne Musterschutz
Ist das bereits Epiphanie? Der Augenblick
In der Helle des Bemerkens
Die verordneten Sklavenpflichten des Tages
Ignorieren das Fegefeuer erziehender Gesellschaft,
Losziehen wie Eichendorff oder Kerouac
Die Grünnuancen zu ordnen in ein Gemälde
Ewig wachsender Lust & Veränderung
Mit sich als einzigem Schöpfer durch Wahrnehmung
Zweifel an der Erstarrung der Sinne, Reiz
Selbst aus stählerner Fingerkuppenhornhaut spüren
Die Schlüssel in sensorische Zukunften

Welches Lied anbieten
Oder heiliges Schweigen
Den Kindern zerschrammter, erstarrter Ideologien?
Wo Wald faschistischer Befehl bedeuten kann

Wie ökologische Landwirtschaft oder Wasser
Notwendiger Gesellschaftsvertrag, demokratischer
Umbau, erkannte Sachzwänge ...
Wo Adjektive Möglichkeiten bieten ohne Ängste
Wie Kays Puzzle im Palast der Schneekönigin
Nur dem Einen zu: EWIGKEIT!
Ohne bindendes Amen

Welche Farbe
Ruht in jedem fragmentarischen Wissen
Wie Fühlen, Ahnen, Sehnen
In das Spiel mit Worten?
Zehn alte schwarze Weisheiten
Drängen gegen dunkel- & hellrotes Blut
Drei Dimensionen in Blau zwingen
Die vierte & fünfte ins Spiel
Der Möglichkeiten deren Farben
Aus jeweiliger Raumkonsistenz
Dem Betrachter sich ergeben
Könnten, wenn ...

TERZ

Jetzt zog der Sonntagnachmittag den Vorhang auf.
Das Stadttheater gibt Der Wolkenzug vor Himmelblau.

Gestorbnes Laub treibt tollend diese Straße runter.
Die Biertrinkmänner flohen in ein Abbruchhaus.

Der Fluss der Autos her vom Muldental schwillt an.
Johanniskraut, als Tee, werd ich mir gleich bereiten.

WIDMUNGEN

AKROSTICHON
FÜR THOMAS BÖHME BIRNBAUM

Tandaratei, sei der Beginn des ersten Verses
Hinüber zu den Partikeln, aus denen Er Bild schuf
Ohne Limit zum Gewöhnlichen aus dem
Metaphern mit Klang, Gerüchen kamen, bald Selektieren
Aus Fülle. Form sei da notwendig, sein Credo
Simsalabrakadabra bis in Prosagelage.

Beruf ist Beruf ist Berufung, Boheme
Ob mit Ein- oder Auskommen
Erwerbbar. Chapeau! Mein Respekt! Du
Hasardeur, halte durch diese jämmerliche Epoche.
Mache dir keinen Reim drauf aus Pflicht,
Erkunde, wie tief noch dein Pflug furcht – Voila!

Balance brauchts im Sein
Im Privaten gegründetes Reich
Relativiert zeitgeistige Narreteien
Nomen est omen! Du wähltest neues
B. wie Beginn belassend Profezeiung
Aus Meyrinks Kabbalismen oder Konstruktivum?
Und gelang es dem heiligen Magier abzuwenden
Merlins Rat: Bedenke Wünsche! Gewährung ist möglich!

2015

AKROSTICHON
FÜR PETER ROTHER, DRESDEN

Palermo, schrie er. Nicht schon wieder Pirna!
Eine gültige Suche nach dem zu späten Ort
Tango Royal zwischen Metaphern & Abbild.
Exzentrik mit gelbem Lederschuh im Lande Grün-Weiß.
Rondo de Jour rituell, bis zumindest Cafe Altstadtgalerie.

Ratzeputz wird zum Milk-Shake-Rendezvous Unrecht erörtert
Ohne Rücksicht auf Flirtchancen oder Fördermittelverluste.
Theorien bewahren von Mehrwert, Profit & Entfremdung.
Hier spielt die Musik! Hier werden Gestankherde geortet!
Etwas dagegen setzen wollen. Etwas spüren.
Revolution, ein gemiedener Begriff im deutschen Kreuzworträtsel!

2014

AKROSTICHON FÜR PAUL ALFRED KLEINERT ODER VERLOREN IST NICHTS, NICHTS FÜHRT IRRE

Perdre, die gnadenlose Zeit greift
Auf allen sieben möglichen Pfaden
Unmut nebelumweht möglicherweise
Lauf wieder einmal deinem Ich zu

Abracadabra soll immer noch verpönt sein
Larifari, schelten die gewöhnlichsten Pfaffen
Feinde des Ewigen Herren der Mutter Natura
Reinen Herzens vorm finalen Strick
Einen Ausweg erblickend zweifelt Restvernunft
Drunterdrüber dem Sperrfeuer wegen

Kirmeszeiten der ermüdenden Seele
Lustgärtengänge
Einschankrituale
Impressionsgelage in grinsendem Dur
Neusehnsüchte selbst bei Glatteis
Entnachtungsexpeditionen
Rundumschläge wagen
Traumreichungen

(24.02.2010)

AKROSTICHON FÜR DEN MALER ANDREAS HANSKE

Hält Dich das Walten auf schwankendem Pfade
Auch in den Stunden da Ruhe empfohlen
Nährt noch das Laufen im schneelastig Walde
Sturmlust, die Pinsel im Wahne zu schwenken -
Kunst ist ein Wort nur, erwähnt als die Hülle
Einsamkeit füllen mit bitterem Strich.

GRINGO

Schlage dich durch
        und zurück zu dir
etwas vor
        was zählt
eigentlich noch
        in Post-Bahn-Beliebigkeit

Schlage nach
        statt zu vertrauen
dulde nicht
        Talk-Show-Larifari
bildungs-fernes Sehen

Schlagworte meide
        oder setze die
gekonnt muss es sein
        ein-schlagend

Schlagseiten
        genieße Schlagsahne
Schlagbäume
        fälle lächelnd
Entscheidungen

AUS-WEGE
für Ingo Lahr

Der Blaue Schrei. Die Stille legt das Laken
auf dem du endlich deine Last austrägst
in dieses Raum-Sein. Efeu-Ranken

aus gelber Anderswelt, becircen jeden Traum
zum Besseren (Wer, schreibst du Flaschenpost,
sehnt sich zurück, wenn endlich Elfen reigen!)

Der Beige Flug. Die Worte nun erstarrt
zur bleichen Lust, ein Radiolied von drüben
Freiheit, ein andres Wort für den, der nichts

mehr zu verlieren hat

2009

LOGIK
FÜR W.H.

"Logik!", schrie er
Mit aufgerissnen Zornesaugen, stieß
Seine trainierte Boxerfaust präzise
Im Bruchteil einer Sekunde
Nach mir in die Ewigkeit

"Logik in der Dichtung, Mensch
Du Arschloch, als so dämlich
Hätte ich doch dich nicht vermutet!
Logik ist darin nichts
Begreife doch endlich!"

Ich begriff nicht, nicht ihn
Seine Rage, nicht mich
Nicht die Notwendigkeit
Des Verzichts auf Logik
Bei der Bilderwahl
Im lyrischen Text, die Stimmigkeit
Für meine Gedichte, nahm seine
Weiterhin als großartig an
Schrieb weiter
Mittelmäßige

Bestellte uns
Noch zwei große Bier, Köstritzer
Pilsner mochte Kaschie, auch
Doppeltdoppelte Korn, wechselte
Das Thema, erörterte
Die rettungslos verkommene Gesellschaft

Was ihn beruhigte. Wir kamen
Auf die Weiber, deren perverse Vorlieben
Beim Vögeln, wovon er behauptete
Etwas zu verstehen, mehr als jeder
Dieser Versager hier
In diesem Provinzkaff M.

Aus Erfahrung

SOZIALPROGNOSE
FÜR AXEL KUTSCH

Mein Metier sind Gedichte.
Schreiben Sie
Mich
ab –

AKROSTICHON
FÜR ATTILA KORNEL

Anders ist es gekommen!
Taumelnde Sicherheiten
Trance & Tran sind nahe
Inzwischen geraten
Längsseits des verborgenen
Aufbruchs

Komm gut hinüber!
Oberhalb des Sichdrangewöhnens
Ranken Lianen aus Fluchtballonen
Nördlich treiben günstige Winde
Entlang der Eiszonen
Lächelnd ostwärts.

AKROSTICHON
FÜR KONSTANTIN KORNEL

Kaum kam ein Roman von dir
Ordert die Pflicht Wissenschaft
Natürlich als Entree-Billett
Später sicheren Erwerbs akademische
Tänze, die zu genießen dir Kunst sei
An der mancher scheiterte
Natürlich ist nichts ist List notwendig
Tag und Nacht Varianten des Spiels
In Zukünfte, die genügen, die als Moment
Narren können, doch sind.

Komm gut hinüber!
Oberhalb des verordneten Seins beginnt
Raum um Raum, Fahrt
Nach Galaxien des Möglichen
Einklangs von Hirn & Haut
Lukullisch bereitend!

BILDBETRACHTUNG IN MEINEM LEB-ZIMMER

(für Charlotte E. Regina Wittenbecher)

Drei Boote segeln. Wirbelwind. Die Wasser
Drängen dem Land zu, das in's Meer läuft

Der Segel Weiß verdecken Schlieren
Von Rot - der Malerin Entscheidung

Mit Gelb die fernen Ufer weben
Sich in den Horizont als Himmel

2015

FRIEDRICH LIST
IN BAD KROZINGEN

Bibliotheken
                las er und liest
verfasste an Briefen
                in zwölf Jahren
nur an mich
                reichlich dreitausend Seiten
schreibt Dichter an
                zu senden möglicherweise
ihre Autographen
                Widmungsgedichte
auf seinen Freund
                dem Meister Peter Huchel
zu bewahren als Erbe
                uns dessen Dichtung.

FÜR ALBA JUNIS

Marmorzweige endlich brechen
Bronze-Neo-Beeren stechen
Vollmond-Zaubersilben sprechen

Lastenlosgelöstes Lallen
In der Trichter Drehen fallen
Hörst Du Welten Räume hallen

Worte aus dem All-Tag speisen
Mit den Erden-Strahlen reisen
Ewig um das Nutz-Los kreisen

FAMILIENTRADITION
ODER ES ENTWICKELT SICH

Prescott BUSH,
Der Großvater,
Finanzierte Adolf Hitler,
Den und Genossen zu beseitigen
Die US-Army
Später begann.

George BUSH,
Der Vater,
Bewaffnete als CIA -Chef
Sadam Hussein,
Gegen den die US-Army
Unter seiner Präsidentschaft
Zu Felde zog.

George W. BUSH,
Der Sohn,
Erhielt das Geld
Für seine erste Ölfirma
Vom Vermögensverwalter
Einer Familie,
Deren Spross
Er jetzt,
Als Präsident,
Mit gewohnter Beteiligung
Der US-Army
Jagen lässt:

OSAMA BIN LADEN

2004

Anmerkung: Unter Verwendung von Mathias Brückners "Fakten, Fälschungen und die unterdrückten Beweise des 11.9." und "Verschwörungstheorien und die Geheimnisse des 11.9.", 2001-Verlag, Frankfurt a. M., 2003

ES KANN MONTAG AM MORGEN ÜBER DICH KOMMEN

Oder mittwochs, manchmal im Mai
Kann es fahlblaue Färbung als Code-Wort tragen
Das Schweigen sein, Ur-Ton, Ur-Schrei.

Es kann dich verhärten, zerbrechen, erweichen
Ein Mädchen sein oder ein Sohn
Kann strahlende Wellen in dir freilegen
Umnachtung, Zorn, Tagtraum-Vision.

Es kann jeden erreichen oder nur Muslims
Eventuell dich nachts vor drei
Kann es Rauchzeichen geben beim Mantra-Suchen
Streift es ungenutzt diesmal vorbei.

SIEBZEHNER

WIEVIELE ZEILEN
gelingen mir Ab-Leser
im Erdfruchtacker

ENDLICH BEFAHL ER
seinen Reserven Einhalt
im Schnee zu rasten

GRINGO DIE SILBEN
verfasst im Sonnenschlagen
heiteres Klingen

STAUB TREIBT SCHON KÜHLER
aus der Steppe nach Lublin
reisen die Bauern

SHAKTI RUFT GURU
mauzendes Locken
Balkon voller Schnee

KARTOFFELFEUER
Geruch aus Kindertagen
Nebel am Waldrand

STERNSCHNUPPEN ZIEHEN
Mit Träumen in mir weiter
Suchen nach Silben

HIER GEHT'S NICHT WEITER
So wie es verordnet ist
Bleibt die Erstarrung

IN DEN SCHNEEFALL spricht
Der Meister lächelnd: Anders
Kommts und doch wieder

ERDBEERBLÜTENTEE
Als Traum des jetzt Bereitens
Bleibt mir Wirklichkeit

NICHTS MEHR ERWARTEND
Sehe ich Blätter taumeln
Lasse Gedichte zu

SCHWIERIGKEITEN BEIM DICHTEN

vertrauen in meine gedichte

WENN EIN GEDICHT MISSLINGT

kommt Zorn in mir, noch schlimmer: Müdigkeit,
Verzweiflung. Gnade kam
abhanden, das Talent zerlief
In Alter, Arroganz Ich-kann-es,
Mutverlust zum kreativen Scheitern ...

Wenn ein Gedicht misslingt,
zerlege ich den Bau, nach Brauch
der alten Bauherrn, prüfe
das Material, die Wetter und Gestirne,
sortiere Reste, füge
neu die Steine, Träger, Zierrat ...

Wenn ein Gedicht misslingt
wird Tee gebrüht (meist aus Johanniskraut & Hanf),
die Kellersammlung neu geordnet, Buch zu Buch,
Modellbahnstücke in drei Kisten, Fahrradteile
für neuen Ausflug, Lou Reeds Metal
Machine Music gedröhnt,
auch Ragas, Appalachian Folk Songs,
Sehnsucht säend: Ziehe ...

VIER ALS BEGINN

eines Gedichtes setzen
ist ein Anfang
mit höherem Zahlenwert
als Drei oder Null.
Zahlenwerte sind präziser
definiert als Wortbedeutungen
Zeilenbrüche, Metaphern
Buchstabenklänge.
Vier fordert
einen spitzen langen Vokalklang
anders als Acht,
Null, Sechs.
Vier erinnert
mich an die Hauptwindrosenrichtungen
und eines meiner angenehmeren
Lebensjahre, das zu schildern
Prosa notwendig wäre.

im winde rankt noch der wildwuchs

VIER ALS BEGINN
DAS LEBEN, NOCH

befohlenen Empfindens
aus Anerzognem, ferner
grauer Kindheit.

Daraus sich Worte sieben
seltne, die sich fügen
schwarz-weiß als Schrift-Bild
wahr und endlich.

TAG-WECHSEL

Die Stunden hinüber
endlich Gnade
weich als Fließen
der Sekunden
dahin

treiben dürfen

DAS SCHWIERIGE AM SCHWEIGEN

schrieb K., aufzuhören. So ist es
auch beim Sprechen, Alkohol trinken,
Verblöden, Resignieren, Pokern,
TV-Glotzen, Streiten, sich anpassen ...

Beim Sterben kommt der Tod,
beim Pinkeln Urin,
beim Lose ziehen meist Nieten.

Das Unerwartete ist das Interessante. Zufall
nennen Wissenschaftler das Abweichen vom Berechneten.
Albert Schweitzer folgerte, das sei Gottes Wirken,
der unerkannt bleiben wolle.

Das Schwierige am Schreiben von Gedichten
ist das sich daran gewöhnt haben, der Mangel
an Geduld, die Gedichte kommen zu lassen
wie eine heiße Schöne oder sie wegwerfen
- die Gedichte zumindest -
viele davon ...

Anmerkung zu K.: Heinar Kipphardt im Roman „März"; zitiert nach
Dichtung von Ernst Herbeck

LETZER GESANG HEUTE
FÜR GRINGO LAHR

Konstruiert mir endlich ein Gedicht das
nicht in Jamben & Trochäen erstickt Reim
zerleiert wie metaphern-versumpft hexametert
nicht durch Bildung bemüht
oder Gut-Mensch-Ismus Post Digital über Bahn
Moderne keine Gasse auslassen

Ein Gedicht ist ein Gedicht ist
Vers runter manche Strophe
ist möglich nicht notwendig
ist der Leser nicht der Text
gelegentlich Hörer in Sitzreihen
weshalb hoffend auf was

Wie lang dauert dieses Gedicht skandiert
in schleppendem Tempo eine knappe Sekunde
frei lassen zwischen den Strophen
der Gliederung wegen glaubt wer ich könne
da eine rauchen vögeln etwas schlucken
wie ein Rock-Star jetzt ist die Zeit um einer Single

Aus-Blenden
nach Belieben
Passagen wiederholen
verändern neu fügen
Dir, du bist der Sänger
ist es
nicht das Lied

GRIPPE

Das Kranksein. Dämmernd
schweben in aufgelöster Zeit
verzweifeln dürfen. Irgendwann

greift die Geduld
der es mir sonst sehr mangelt
die Worte fügen sich zu Klang

Gedicht als Gnade knappen Seins

(15.7.2015)

DIE FREUNDE DES DICHTERS

kaufen dessen Bücher
leider nicht, erwarten
Freiexemplare

MEINE GEDICHTE

Sind die Gesänge
Zerspielter Musikboxkopien
Versuche
      Das Sirren nachahmen
      Das Schlingern
      Das Schweigen

1985

DAS GEDICHT DES TAGES

gerät wie eine Soupe de Jour
dem Möglichen nach
des Angebotes, je nach Jahreszeit
meiner Psyche. Gelegentlich
wird Bewahrtes zugefügt
auch eingefroren. Extrakt
bringt komprimierten Geschmack
individuell, zufällig
darf sein. Der Leser als Gast
bekommt Erinnerung zu fassen,
kann kosten,
Zuschlag ordern ...

Gezahlt wird
bei Gefallen
und Erwerb
des Menüs:

A la LUTZ NITZSCHE KORNEL 2016

VERTRAUEN IN MEINE GEDICHTE

existiert nicht. Sie werden
keine Käufer finden, Leser
wenn ich eintrittsfrei vortrage
möglicherweise gelegentlich
bei Regenwetter.

Diese Erkenntnis kam aus der Analyse
bisherigen Miss-Erfolgs. Also
lehrt der Markt: Umdenken
das Produkt wechseln, eventuell
die notwendigerweise „Firmenaufgabe".

Wieder auf Anfang wie beim geübten
„Mensch-Ärgere-Dich-nicht", Start
gewohnt seit Kindertagen anpassen
an ungeliebte Zustände, jetzt
Hobbyproduzent unzeitgemäßen Dichtwerks,
betrachtend die Liste aussterbender Berufe
dabei lächeln.

Nach-Reden

THOMAS BÖHME - Der Poet Lucivo

Monatelang hat er nicht eine zeile geschrieben kein gutes buch gelesen nur comics angeschaut & pop-musik gehört und so dichtet er schweigend oder auf der gitarre klimpernd an seinem mythos

Und er lauscht in den regen und rauft sich mit der ein äugigen katze spielt für all seine schwestern boogie & kasperltheater vor verwahrlosten kindern

Und wer hat je einen schöneren schneemann gebaut? Schneemann war ein ganz schlauer räuber aber die sonne blieb schließlich doch sieger

Jedermann lobt ihn beschimpft ihn liebt haßt ihn, er hört ihnen gar nicht mehr zu

Das ist das gedicht das er selber über sich schreiben würde

Das ist das fleisch das sie an seinen knochen übrig gelassen haben

Das freßt nun!

1980

Anm. in MIT DER SANDUHR AM GÜRTEL, Aufbau-Verlag 1983: „DER POET LUCIVO gewidmet Lutz Nitzsche, dem „Zwergpoeten" aus dem Rosa-Luxemburg-Turm. Geboren in Meuselwitz, Thüringen."

PAUL ALFRED KLEINERT

Dank an Francois Villon (1431 - ?)
für Lutz Nitzsche Kornel

Erlaubt war 's nicht, die Nase aus dem Dreck zu heben
»Bleib unten«, hieß es, »lebe zwischen Kot und Speichel«
und schwoll in Glück und Lust nach oben dir die Eichel:
»Bedenke, wen'ge sind Besitzer nur der Reben«

Und doch sind zärtlich-wilde Lieder da entstanden
die zu den schönsten zählen, die die Welt bedacht
»Getrieben sei bei Tage, lebe nur bei Nacht«:
ein Diktum, das die meisten einfacher verwanden

Wie schwer der Arsch beim Hochziehn dann am Galgen wiegt
das meintest du schon lange vorher zu verspüren
(es war dir ganze sechsundzwanzig Worte wert)

Auch heut', du hast die letzte Ruhe nun gekriegt
vermag so manches deiner Worte zu berühren
Villon – so sei bedankt, daß du uns einst beehrt

III./VII. 1992
Aus: „LEBENSMITTE – Gedichte", Haidkoog Verlag Hamburg 1996, S. 14.

Gringo Lahr, Wuppertal

Normalbürger ? Spiritualbürger !
Über Lutz Nitzsche Kornel

Bedeutende (prä-)zeitgenössische Dichtung
aus Altenburger Quelle sprudelnd.
LutZEN.
Mentor. Ursprünglich.
Humor, Charisma, schillernde Persönlichkeit.
Zeitbetrachtungen & gesellschaftliche Analysen.
Demaskierend. Hinter-gründig.
Interdisziplinär. Sensitiv, spontan.
Vater, Ehemann, Freund.
Philosophie: Im Alltag nach Wahrheit suchen, ihn
gleichzeitig als Erscheinung begreifen, auf der Suche nach
WIRKlichem.
Potenziell schulbildend mit seiner Hypothese vom
Neoplatonismus, wonach auch Gedanken Realität sind.
Die besten Lehrer sind vielleicht die, welche nicht zuende
studieren (konnten) - und die daher das Leben studieren.
Prägende Jugend als oppositioneller Künstler in der DDR
samt Stasi-Beschattungen & Knastdrohungen &
Zwangsausbürgerung.
Seine Methode, sein Leben & seinen Seelenweg
inmitten des engen stasi-alistischen Irrsinns
offen, offensiv & mit ehrlicher Authentizität zu retten, ist
geglückt - um den Preis innerer & äußerer Odysseen.

Zur Wahrheit unserer Epoche gehört, dass die hellsten Köpfe zu Phasen dunkler Melancholie neigen können.
Feinfühlig.
Manchmal traurig. Durchwanderte auch Angst & Einsamkeit.
Voller Geheimnisse & Geschichten, verborgenes Wissen bergend,
Er-inner-ung mehrschichtig, vielfilternd, Schätze hebend.
Freinarr von Eigenherr.
Punk, Entertainer, Inspirator, Poet.
Lernender. Forschender.
Lehrender. Helfer. Lotse.
Alchimist des Wissens.
Meister des Dada-Zen-Seins.
Seele.

2015

ANDREAS HANSKE

BEBILDERUNG

Bemerkungen zum Problem der Illustration

Ich habe gern und mit freudiger Erwartung dankend zugesagt, als Lutz Nitzsche Kornel mit der Bitte an mich herangetreten ist, eines seiner, damals noch in Planung befindlichen, Bücher zu „illustrieren" – wir kennen und schätzen uns bereits seit über drei Jahrzehnten. Ich lernte viele seiner verschiedensten Arbeiten kennen, als Autor, Vortragender und „Schauspieler" im weitesten Sinne..., seine experimentelle, dramaturgisch gegründete Haltung und seine oft zur Improvisation neigende Intuition. Damit spielte es für mich auch zunächst keine entscheidende Rolle, was konkret er geplant bzw. angedacht hatte.

Soweit die Vorgeschichte – dann aber kamen mir sofort die wichtigen Fragen: Wie kann man, wie kann ich Gedichte „illustrieren"? Was gibt es an Gedichten abbildend „zu erklären"? Die Fragen stellten sich mir zwingend und prinzipiell, bevor ich begann, die Arbeiten zu lesen, klanglich zu erfassen, zu bedenken, um irgendwann, viel später – bei diesen Arbeiten waren es Monate – zu Werkzeug und Material zu greifen. Gedichte sind (im besten Fall – und davon gehe ich bei diesem Projekt aus) gedankliche Bilder in poetische Sprache gebracht, die durch das materialisierende, *abbildende* Bild zwar konkretisiert, damit zwangsläufig aber auch eingeschränkt werden.

Poetische Sprachgebilde unmittelbar bildnerisch zu illustrieren, ohne damit die wesentliche Vielschichtigkeit zu beschneiden, scheint mir vollkommen unmöglich zu sein.

Im konkreten Fall habe ich das mir übergebene Konvolut an Gedichten als Ganzes mehrmals gelesen, mich im weitesten Sinne „inspirieren" lassen, um erst dann mit den konkreten Versuchen zu beginnen. Erst dann nämlich, als mir der Gedanke gekommen war, was als zugrunde liegende Idee, was als konkrete Schaffensmethode tragfähig sein könnte. In der Form der Collage (mit der ich mich übrigens bereits seit Jahren beschäftige und die ich auch weiter zu führen gedenke) meinte ich die adäquate Form gefunden zu haben. Das Verbindende sind die Fotos, vielfach Kindheits- und Jugendfotos aus dem reichhaltigen Archiv des Dichters – gefertigt unter anderem von Peter Thieme und Matthias Hildebrand, die freundlicherweise ihr Einverständnis gaben, diese zu verwenden. Die Fotos sind in (fast!) jede der Arbeiten einbezogen und sollen einen direkten Bezug zum poetischen Erinnerungsgeflecht herstellen.

Es bezog sich meine Bebilderung folglich nicht auf ein konkretes Bild in einem konkreten Gedicht (wiewohl ich stets bestimmte Worte, bestimmte Zeilen oder ganze Passagen im Gedächtnis behalten habe), sondern ich versuchte, dem Konvolut an Gedichten ein kohärentes Konvolut an Zeichnungen gegenüberzustellen. Es ist eine Serie von über fünfzig Collagen entstanden, die zunächst nichts weiter und nichts weniger als stringent sein sollten. Erst im dritten Durchgang und letzten „Vergleich" der Gedichte mit den

„unabhängig" entstanden Collagen habe ich eine direkte Zuordnung einzelner Textfragmente zu den vorliegenden Blättern gewagt, und damit nun, am Ende, doch einen für mich schlüssigen Bezug zu einzelnen Gedichten hergestellt.

Am Schluss des künstlerischen Prozesses stand dann wieder das Buch als Ganzes im Blick – und die abschließende, schwierige, gemeinsame Aufgabe war es, eine Auswahl zu treffen von Arbeiten, die dann letztendlich im Buch als „Abbildungen" Verwendung finden sollten.

Leipzig im Februar 2016

LUTZ NITZSCHE KORNEL

ANDREAS HANSKE – oder DIE SPONTANE VOLKSKUNST (S.V.K.) entstand

Im Frühherbst 1985 sprach mich Andreas Hanske an. Niemals hätte ich als unbekannter Lyriker mit Ambitionen zu Provokationen, die jede mögliche offizielle Anerkennung in diesem sich selbst feiernden Staats- und Kunstsystem unmöglich machten, solche Koryphäe angesprochen. War dieser nicht sogar im offiziellen Verband Bildender Künstler? Er habe mich im Duo mit einer Violinistin, meiner damaligen Ehefrau Margitta, zur Eröffnung einer Galerie bei Judy Lybke am Körnerplatz, in Leipzig, erleben dürfen, sei von meiner Expressivität, Spontaneität und Qualität der Texte fasziniert gewesen; ob ich nicht mit von mir auszuwählenden Jazz- und/oder Rock-Musikern eine Live-Performance von ihm im Studentenklub Moritzbastei (MB) am 12. Dezember begleiten würde. Es gäbe sogar Honorar.

„Erleben dürfen", solche Formulierung weckte meine vergessen geglaubte Eitelkeit, noch mehr das Honorar. Die Zusage erfolgte meinerseits sofort und zufällig sprach ich mit dem Schlagzeuger, Bassisten, Sänger und begnadeten Band-Leader Michael „Hatz" Holoch, der eine Gruppe zusammenstellte, die sich fortan „S.V.K." (SpontaneVolksKunst) nannte, frei nach der Abkürzung der DDR-Krankenversicherung, von manchem Musik auf oder mit Krankenschein persifliert. Am Saxophon Michael Hohlfeld; Violine und Gitarre, Margitta Kornel, Hatz, Bass, Schlagzeug, Gesang; ich – Stimme, Geräusche; Schauspiel, selten Gitarre. Die erste Probe, in einem

Gohliser Abbruchhaus, weckte das Interesse der Staatsmacht. Sie kamen, angelockt von unserer zirkushaften Fassung des sowjetrussisches Kampfliedes „BRÜDER ZUR SONNE ZUR FREIHEIT", wozu ich neuen Text „ERSTER MAI" gedichtet, parteitagsrednersk deklamierte und Andreas herummarschierte, auf eine Marschtrommel schlagend. Er hatte zufällig den Vertrag mit der MB dabei, was uns irgendwie legal werden ließ trotz streifenpolizeilicher Skepsis. Am Abend der Aufführung legte Andreas eine kräftige Gestaltungsorgie hin, deren fulminante, Resultate an Gemälden, mit kräftigen Strichen und prägnanten geometrischen Mustern in Rot, Schwarz, Blau, nach Performance-Ende sich die Zuschauer kostenlos mitnahmen, deren Fragmente ich gelegentlich noch in Leipziger Wohnungen entdecken kann. Wir hatten mindestens drei Stunden intensives Programm geboten (plus Pause), hörte ich danach auf einem Mitschnitt auf zwei Neunzig-Minuten-Kassetten … Der Beginn unserer Zusammenarbeit: jeder für sich aber synchron. Irgendwann, Ostern in Rostock 1987, im Saal der dortigen Universitätsmensa, kam eine Steigerung: Andreas bemalte die Lein-Wände und mich mit roter und brauner Farbe, während ich auf dem Kopf stehend einen OSter-Zyklus skandierte. (Es war Latexfarbe auf meinem Körper, der die ersehnte Teilnahme an der Vernissage-Party verhinderte). Wir hatten zusammengefunden – die Farbe und ich und Andreas' Malerei. Ende 1988 brachte er ein Gedicht von mir auf die Leinwand der Bühnenrückseite, „DIE FRAGEN DIE FRAGEN", welches er dann übermalte, es als Bild-Grund betrachtend. Dann ging ich in den Westen, managte, was nicht mehr organisieren hieß, in Köln eine

Ausstellung „AM ENDE DES TUNNELS – Künstler aus der DDR", während welcher „die Mauer fiel". Dort skandierte ich u.a. zu Andreas Hanskes Werken, mit Detlef Schweiger am Moog, Steffen Balmer an der Gitarre.

2000, Andreas gestaltete mit Katharina Luft ein Künstlerbuch namens „HEKATE", schlug sie die Gründung einer künstlerischen Arbeitsgruppe „HKL- Brigade" vor (H für Hanske, K für Kornel, L für Luft). Jahre vergingen seither. Ich durfte 2013 im Landtag Dresden mit unserem Freund Armin Krause eine über zweihundert Exponate umfassende Ausstellung mit Gemälden, Zeichnungen, Collagen, Plastiken von Andreas Hanske gestalten, und irgendwann 2015 wollte ich den dramaturgischen Bogen schließen, wagte es endlich, Andreas Hanske zu fragen, ob ich einige seiner Arbeiten für mein angedachtes Buch „FLIP FLOP AND FLY – GEDICHTE" verwenden dürfe. Der Bogen konnte zum Kreis werden – seine Arbeiten, meine Gedichte wurden sind verwoben. Das Weitere steht in seinem vorangestellten Essay.

Leipzig Anger-Crottendorf, Ende Februar 2016

BIOGRAFISCHE SELBSTAUSKUNFT DES DICHTERS

Lutz Nitzsche Kornel wurde 1955 in Altenburg, Bezirk Leipzig, inzwischen wieder Thüringen, geboren, wuchs in Meuselwitz auf, war Turner, Volkstänzer und passionierter Hörer von Beat-Musik und Free-Jazz.

Mangels Ambitioniertheit und Fantasie (außerhalb einer Ausbildung zum Schlagertexter aus pekuniären Gründen) studierte er als erstes Lehrer für Sport und Deutsch, bekam nach reichlich einem Jahr im Beruf ein Berufsverbot wegen „Vernachlässigung der politisch-ideologischen Erziehungsarbeit", begann sich mit Lyrik, Theater und experimenteller Musik zu beschäftigen, arbeitete, gezwungenermaßen, dem DDR-Gesetz über asoziale Lebensweise zu entgehen, als Importeur und Auslieferer beim LKG Leipzig, Abteilung Verlage und Buchhandel. Später, nach fünf Monaten Erziehungs-Regiment der NVA, woraus er ausgemustert wurde, Mitarbeiter für Kultur- und Waldbetreuung bei der „Direktion für Naherholung Leipzig". Er hatte sich diese Tätigkeit ausgesucht (Oh, das war so möglich!), da sich das Büro im Wohnhaus befand, die Wohnung, Rosa-Luxemburg-Straße 4, gleichzeitig als Künstler- und Boheme-Wohnkommune genutzt wurde. Dann, nach Namenswechsel durch Eheschließung zu Kornel 1985, der notwendig geworden war, da er von einem „Freund" erfahren hatte, dass die Verwaltung der NVA seine damalige Ausmusterung überprüfen wolle. Anschließend Mitarbeiter für Vertragswesen und Programmgestaltung, Regie im Jugend-, Tanz und Freizeitzentrum „Haus Auensee" Leipzig, wovon er 1988, politisch motiviert, wiederum entlassen wurde. Er nahm das Angebot der „Staatsorgane" an, mit (schwangerer) Frau, Sohn Attila und sämtlichem Besitz auszureisen, einer Haftstrafe entgehen zu können, siedelte nach Frechen bei Köln um, studierte, u. a. Psychologischer Verhaltenstherapeut, mit Abschluss, arbeitete als Lehrer für Ausländer und nahm später die Möglichkeit einer Berentung an, durch die seine weitere künstlerische Tätigkeit bezugs Auftritte wegen gesetzlichem Zuverdienstverbotes weitgehend eingeschränkt wurde. Nach der Scheidung siedelte er wieder nach Leipzig, zog mit der Dichterin Katharina Luft zusammen, in den Osten der Stadt, woraus eine ergiebige Liebes- und Arbeitsbeziehung entstand, die in eine erfüllte Ehe überging.

Nach „FLIP FLOP AND FLY – GEDICHTE" sind die Bände „HIER WAR GOETHE NIE – SATIRISCHE DICHTUNGEN" und „DADAICH UNDU – SURRE-ALANISCHE EXPERIMENTE" in Vorbereitung sowie Texte für Kinder aus den Programmen als OPA LUNIKORN.

KONTAKT: Lunikorn@t-online.de
Telefon: 0341 – 23 00 653

Herzlichen Dank

für ihre uneigennützige und honorarfreie Unterstützung dieses Buchprojektes an:

Andreas Hanske, für Fertigung und Bereitstellung der graphischen Arbeiten sowie des Essays BEBILDERUNG,

Peter Thieme und **Matthias Hildebrand**, für die freundliche Genehmigung zur Bearbeitung der von ihnen zur Verfügung gestellten Fotografien,

Thomas Böhme und **Paul Alfred Kleinert**, für den Abdruck ihrer Widmungsgedichte für LNK aus den Bänden: Thomas Böhme „ Mit der Sanduhr am Gürtel", Aufbau Verlag, 1983, S. 89, erweiterter Nachdruck in der Connewitzer Verlagsbuchhandlung; Paul Alfred Kleinert „Lebensmitte – Gedichte", Haidkoog Verlag Hamburg, 1996, S. 14,

GrIngo Lahr für sein lyrisches Essay,

Armin Krause für die Gestaltung des Bandes und die Bereitstellung des Fotos auf der Seite 130,

Katharina Luft-Kornel für die positiven Affirmationen zu diesem Projekt und ihre Liebe und Geduld!,

Meinen klugen Siamkatzen **Shakti** und **GuruGuru** für ihr Verständnis, dass ihr Lutz so oft keine Zeit zum Spielen und Bürsten haben konnte, aber auch ihr Durchsetzungsvermögen bei der Einforderung aktiver Erholungsphasen für mich!

Lutz Nitzsche Kornel, am Ende des Monats Februar 2016

Inhalt

FLIP, FLOP und FLY 5

IN DAS FALSCHE JAHR GEBOREN
....
IN DAS FALSCHE JAHRE GEBOREN 8
MEINE GELBE STADT, MEIN ATEM 10
DIE KOHLEZÜGE SCHEPPERTEN 11
KINDHEIT 12
DIE NÄCHTE DER KINDHEIT 13
DAS TEMPO 15
NEUER HÄWELMANN 16
AUCH KINDHEIT – WAS BRACHTE MIR DAS LESEN 17
ULI HAUCKES VATER... 18
FÜR WOLFGANG HAFERSTROH 19
SCHULJAHRESENDE IN M. DDR, 1965................. 20
GEPFLEGTE BRÜHE (für Inge Lotz) 21
DER ZEUGE JEHOVAS 22
DIE JAHRE WECHSELTEN 25
WUNDER 27
SO NICHT 29
AN DER SAALE BEI GROSSKORBETHA 30
AUSFLÜGE 31
DEM HORIZONT NACH 32
HAUPTSACHE UNTERWEGS I 33
HAUPTSACHE UNTERWEGS II – IN POLEN 34
IM UHRZEIGERSINN 35
FLUCHTFILME 36

DER OMNIBUS	37
HOFFNUNGS-LOS / WARTEN & HOFFEN	38
DAS REICH DER NACHT ERREICHT	39
BRAUCHTUM	40
IHR WOLLT MEIN BESTES. IHR	41
HAINBERGSEE, DER EICHENKRANZ BEI MEUSELWITZ IN THÜRINGEN	42
SURFIN SAFARI	43
ZEHN JAHRE ZURÜCK / GEBLENDET 1980	44
MEIN VATER SAGTE	45
DER GERUCH DER KINDHEIT	46
KOHLE/ 1 M. / 2 DAS ZITAT DER MITTE / 3 LAUER	48
KOHLE 4 VORFELDWALD	50
DER MYTHOS DES HIER	51
IM SECHZIGSTEN JAHR	54
WIEDER WESTWÄRTS	55
VERKOMMEN IM LABYRINTH II	57
GESCHAFFT	60
DIE MÄNNER STEHN AM MARKTPLATZ	61
EIN GLAS AM TRESEN	62
MEMENTO EINS	63

ANGEKOMMEN IRGENDWANN IN L.

ABGEFAHREN	70
URTEILE, I FÜR REGINALD RUDORF, II DIE FRAGEN DIE FRAGEN	71
MONOLOGE, LEIPZIG AM 16. JUNI 2015	73
AKROSTICHON DER STADT	74
LEIPZIG, IM OSTEN	75
LEIPZIG, DER ERSTE TAG IM AUGUST	76
LEIPZIG-MOST, SAGT MANCHER	77

AUSFLUG	78
HEILIG DER TAG	79
TERZ	81

WIDMUNGEN

AKROSTICHON FÜR THOMAS BÖHME BIRNBAUM	84
AKKROSTICHON FÜR PETER ROTHER, DRESDEN	85
AKROSTICHON FÜR PAUL ALFRED KLEINERT	86
AKROSTICHON FÜR DEN MALER ANDREAS HANSKE	87
GRINGO	88
AUS-WEGE – für Ingo Lahr -	89
LOGIK / FÜR W.H.	90
SOZIALPROGNOSE FÜR AXEL KUTSCH	93
AKROSTICHON FÜR ATTILA KORNEL	94
AKROSTICHON FÜR KONSTANTIN KORNEL	95
BILDBETRACHTUNG IN MEINEM LEB-ZIMMER (für CHARLOTTE E. REGINA WITTENBECHER)	96
FRIEDRICH LIST IN BAD KROZINGEN	97
FÜR ALBA JUNIS	98
FAMILIENTRADITION ODER ES ENTWICKELT SICH	99
ES MONTAG AM MORGEN ÜBER DICH KOMMEN	100

SIEBZEHNER

WIEVIELE ZEILEN	102
ENDLICH BEFAHL ER	102
GRINGO DIE SILBEN	102
STAUB TREIBT SCHON KÜHLER	102
SHAKTI RUFT GURU	103
KARTOFFELFEUER	103
STERNSCHNUPPEN ZIEHEN	103

HIER GEHT´S NICHT WEITER	103
IN DEN SCHNEEFALL	104
ERDBEERBLÜTENTEE	104
NICHTS MEHR ERWARTEND	104

SCHWIERIGKEITEN BEIM DICHTEN

WENN EIN GEDICHT MISSLINGT	107
VIER ALS BEGINN	108
DAS LEBEN, NOCH	110
TAG-WECHSEL	111
DAS SCHWIERIGE AM SCHWEIGEN	112
LETZTER GESANG HEITE FÜR GRINGO LAHR	113
GRIPPE	114
DIE FREUNDE DES DICHTERS	115
MEINE GEDICHTE	116
DAS GEDICHT DES TAGES	117
VERTRAUEN IN MEINE GEDICHTE	118

NACH-REDEN

THOMAS BÖHME – DER POET LUCIVO	120
PAUL ALFRED KLEINERT – DANK AN FRANCOIS VILLON	121
GRINGO LAHR – NORMALBÜRGER? SPIRITUALBÜRGER?	122
ANDREAS HANSKE, BEBILDERUNG – Bemerkungen zum Problem der Illustration	124
LUTZ NITZSCHE KORNEL, ANDREAS HANSKE – oder DIE SPONTANE VOLKSKUNST (S.V.K.) ENTSTAND	127
BIOGRAFISCHE SELBSTAUSKUNFT DES DICHTERS	131
DANKSAGUNG	133
INHALTSVERZEICHNIS	135
VERLAGSHINWEISE	139

Eine Auswahl an Büchern, die im Engelsdorfer Verlag erschienen sind, an denen **Lutz Nitzsche Kornel** mitgearbeitet hat.

KONSTANTIN KORNEL, SOLDNIA BAND 1 ERUPTIONEN, Erzählung (Lekorat), 2015, 372 S., ISBN 978-3-95744-894-1

KATHARINA LUFT-KORNEL, weise weise im wind – Gedichte und Miniaturen, (mit Zeichnungen von Lutz Nitzsche Kornel), Lyrikbibliothek 2013, 103 S., ISBN 978-3-95488-407-0

RAMON HOFFMANN, Hügel aus Beton, Texte & Lieder, (Essay und Lektorat) Sonderdruck, 2013, 109 S.

ANNE NEUNZIG, STAATSJUGENDORGANISATIONEN – EIN TRAUM DER HERRSCHENDEN, Hitlerjugend / Bund Deutscher Mädchen und Freie Deutsche Jugend im Vergleich, (Betreuung des Forschungs- und Buchprojektes, Textbeitrag S. 246 – 278), 2014, 341 S., ISBN 978-3-95488-514-5

MICHAEL OERTEL, TAGEBUCH EINES DEPRESSIVEN, Satiren (Geleitwort), 2009, 130 S., ISBN 978-3-86901-625-2

WALTER STALLINGER,
u. a. RUSSISCH BROT, 2004, 182 S.,
ISBN 3-937930-58-2

RUSSISCH WEISS – BLAU – ROT, 2005, 89 S.,
ISBN 3-939144-32-0

RUSSISCH RAS* DWA* TRI, 2006, 87 S.,
ISBN 3-939404-83-7

RUSSISCH-BRIEDEERCHEN, 2007, 90 S.,
ISBN 978-3-86703-533-0
(Lektorat, Essays, Klappentexte ...)

HERBERT ULRICH, POLENREISE (Essay als Nachwort) 2005,
60 S., ISBN 3-938873-46-9

Zu beziehen im Buchhandel oder direkt unter

www.engelsdorfer-verlag.de